P'TI UP

ne veut pas ranger

Orianne Lallemand
Éléonore Thuillier

AUZOU éveil

Quand P’tit Loup revient de l’école,
il laisse son bonnet par-ci, son blouson par-là,
ses chaussures ici, son cartable là-bas…

Il en met partout !

« Lorsqu'on rentre à la maison, explique Maman,
on commence par ranger ses affaires.
Tu peux le faire, tu es grand maintenant.
— Oui, Maman », répond P'tit Loup.

Mais il n'écoute pas vraiment.

MAMAN

Son goûter terminé, P'tit Loup joue
aux petites voitures dans le salon. Il en a beaucoup !
« La course est terminée, annonce P'tit Loup.
Je peux aller au bain, Maman ?
— Tu n'as rien oublié, par hasard ?
— Je rangerai après, promis ! » dit P'tit Loup.

« Ce serait mieux de ranger maintenant, insiste Maman. Je ne voudrais pas que ta petite sœur glisse sur une voiture, tu comprends ?

— Oui, dit P'tit Loup.

— Si tu veux, on fait la course pour ranger ? propose Maman. Prêt ? Partez !

Dans la salle de bain, P'tit Loup se déshabille.
« J'ai mis toutes mes affaires dans le panier de linge sale, dit-il fièrement.
— Bravo, petit pirate ! rit Maman.
On dirait que ça rentre là-dedans, finalement ! »

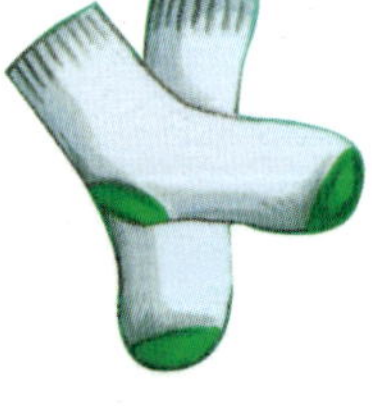

Avant le dîner, P'tit Loup fait la classe à ses doudous.
Puis il se déguise en super-héros
pour les protéger du monstre qui veut les attraper.
« À table ! appelle Papa en ouvrant la porte
de sa chambre. Ouh là ! Une tempête est passée ici ?
— Non, un monstre, explique P'tit Loup.
Je rangerai après, promis.

C’est l’heure de se coucher.
« P’tit Loup, on ne peut plus mettre un pied devant l’autre ici, ronchonne Maman.
Je croyais que tu devais ranger ?
— Je suis trop fatigué… » proteste P’tit Loup.

Après l’histoire, P’tit Loup cherche Doudou.
Mais il ne le trouve nulle part dans la maison.
« Je ne peux pas dormir sans Doudou,
s’inquiète P’tit Loup.
— Il est sûrement dans ta chambre,
le rassure Papa, mais avec tout ce bazar,
on ne le voit pas ! On va le chercher tous les trois. »

« Voilà Doudou ! crie Maman.
Ce petit coquin était sous les déguisements ! »
Ouf ! P'tit Loup est rassuré.
« Merci Maman, sourit P'tit Loup. La prochaine fois,
je rangerai ma chambre, promis !
Je ne veux plus jamais perdre mon Doudou chéri ! »

Toutes les histoires tendres et malicieuses de P'TIT LOUP

Relu par une psychologue (Sophie Lhomelet-Chapellière).

Directeur éditorial : Damien Hervé – Éditrice : Héloïse Ragot
Responsable studio graphique : Sabrina Regoui – Mise en pages : Margaux Khalil
Fabrication : Marion Gretchanovsky – Correction : Lise Cornacchia